우리 시대 현대시조 100인선 14

진달래 연가

이 태 극

태학사

우리 시대 현대시조 100인선 14

진달래 연가

초판 인쇄 2000년 12월 28일 • 초판 발행 2001년 1월 1일 • 지은이 이태극 • 펴낸이 지현구 • 펴낸곳 태학사 • 주소 서울시 서초구 서초2동 1357-42 • 전화 (02) 584-1740 (代) • 팩스 (02) 584-1730 • e-mail thaehak4@chollian.net • http://www.thaehak4.com • 등록 제22-1455호

ISBN 89-7626-598-X 04810 • ISBN 89-7626-507-6 (세트)

ⓒ 이태극, 2001
값 5,000 원

☞ 저자와 협의하에 인지를 생략합니다.
☞ 파본은 구입한 곳이나 본사에서 바꾸어 드립니다.

우리 시대 현대시조 100인선 14

진달래 연가

이 태 극

태학사

우리 시대 현대시조 100인선 14

진달래 연가

초판 인쇄 2000년 12월 28일 • 초판 발행 2001년 1월 1일 • 지은이 이태극 • 펴낸이 지현구 • 펴낸곳 태학사 • 주소 서울시 서초구 서초2동 1357-42 • 전화 (02) 584-1740 (代) • 팩스 (02) 584-1730 • e-mail thaehak4@chollian.net • http://www.thaehak4.com • 등록 제22-1455호

ISBN 89-7626-598-X 04810 • ISBN 89-7626-507-6 (세트)

ⓒ 이태극, 2001
값 5,000 원

☞ 저자와 협의하에 인지를 생략합니다.
☞ 파본은 구입한 곳이나 본사에서 바꾸어 드립니다.

환갑 기념(1973.7)

▲ 이화여대에서의 강의(1972.12)

▶ 고희 기념(1982.11)

70대의 어느날 사석에서(1980년대 후반)

1990년 9월 화천 파로호에 세워진
월하 시조비

차례

제1부 꽃과 여인

노들 언덕에서 13
주막(酒幕) 16
꽃과 여인(女人) 17
갈대 19
시조송(時調頌) 20
교차로(交叉路) 22
갈매기 23
삼월(三月)은 24
청산(靑山)이여! 25
산(山)딸기 27
중추월(仲秋月) 28
대공(大空)의 황혼(黃昏) 29
내 산하(山河)에 서다 31
서해상(西海上)의 낙조 34
동해(東海) 바다 36
뇌우탄막(雷雨彈幕)·1 38
왕관봉(王冠峰)에 내려서서 39
내일(來日)을 42

제2부 노고지리

해동기(解凍記)	47
춘일산음(春日散吟)	49
심춘사(尋春詞)	53
하일이제(夏日二題)	54
가을오제(五題)	56
민들레	59
어머니 영(詠)	60
실향곡(失鄕曲)	61
관동오경(關東五景)	64
지리산(智異山) 산음(散吟)	67
다도해(多島海)	70

제3부 소리소리소리

소리·1	75
소리·4	76
소리·6	77
소리·12	78

빛	80
그 문은 열리리	82
비, 비야 오려마	83
도공의 노래	85
가을이 오면	86
산나리 꽃	88
무영탑	89
의상영일	91

제4부 날빛은 저기에

속·소리·1	95
속·소리·2	96
황토길	97
흐름 속에서	98
손금을 보며	100
박제(剝製)	102
안개만 짙어	103
풍향계(風向計)	105
항아리	106

북악(北岳)에 단풍 들다	107
어린이 시조들	108
깃은 헐리고	111
자하산사의 화목초(抄)	113

제5부 요즘의 심정

요즘의 심정	123
난초가 벙그던 날	128
진달래 연가(戀歌)	129
이 아침에	131
낙화(洛花)의 변(辯)	133
어린이 놀이터	135
백운대(白雲臺)여!	137
파로호	139
강강수월래	141
이 길목에서	142
어머님	143
짝은 떠나고	144
가람(嘉藍) 스승님	146

해설 역사의 결 속에서 익어가는 삶의 연륜·우한용　149
이태극 연보　169

제1부 꽃과 여인

노들 언덕에서

태초(太初) 가린대로
목멱(木覓)을 감돌면서

사람 사람을 불러
이 강(江)가 사노라니

세모래 알알이 흩듯
때는 오고 갔노라.

오랑캐 발자국도
원앙의 그림자도

어느덧 씻어 흘러
송사리도 숨어살고

개지 핀 버들가지엔
꾀꼴 어이 안 울고?

짐짓 소용돌아
큰 물 서기도 잠깐

인어(人魚) 인어(人魚)의 무리
더윌 씻어 뛰놀며는

매아미 그늘을 아뢸
느티나무 그립어!

금물결 익는 벌판
모르는 듯 흘러흘러

벼랑 태는 단풍
띄워서 수채화(水彩畵)라

물새도 흥겨워 샌다
달도 밝은 이 언덕에.

모랫톱 움 지붕에
눈이 쌔고 얼음 얼면

두께두께 얼은 얼음
밤새 죄며 소리친다

썰맷군 고기잡이의
꿈을 아롱 새기며—.

이렁 사람이란
한수(漢水)로 이 가고 가고

철마(鐵馬)랑 철조(鐵鳥)랑
원자폭(原子·爆)도 갈마들리

그려도 슬기의 초롱을 안고
이 강(江)가를 사노라.

(1958. 12. 11. 동망산방(東望山房)에서)

주막(酒幕)

스스로운 죽지는 접고
발을 터는 처맛밑

문고리에 닿는 정(情)이
삶을 지레 솟꾸는데

따라온 사연은 겹쳐
창문턱에 누웠네.

그믐 달 새어 들어
야위어 서린 벼갯맡

성황당 부엉이도
밤새 울다 지친 사념(思念)

저 먼 길 영(嶺)이 뵈는 곳
두고두고 가는 밤―.

(1966. 5. 28. 감나무골에서)

꽃과 여인(女人)

1
가득 함초로히
마주 연 입술과 입술

구겨진 마음씨도
해맑은 거울인데

계절(季節)이 노을진 아침
보람만 찬 기슭이네.

2
부푼 가슴 그저
꿈이도록 영롱하고

벌나비 사려가며
내 자란 정열이기

태양(太陽)도 저리 한갓져

재롱만스런 외면인가?

3
펄펄 세월이 지네
구비 구비 인생 길에

저기 낙엽들이
눈보라를 손짓하네

사랑은 배리(背理)의 사탑(斜塔)
웃음짓는 꽃과 꽃.

(1964. 9. 감나무골에서)

갈대

하이얀 갈대들이
날개 젓는 언덕으로

바래진 나날들이
갈기갈기 찢기운다

어허남 요령도 아련히
푸른 하늘 높푸른데…….

칡넝쿨 얼기설기
휘돌아 산다는 길

가마귀 석양을 넘듯
넘어나 가 봤으면

그 훗날 저 꽃 증언(證言) 삼아
다시 여기 서나 보게.

(1965. 12. 19. 감나무골에서)

시조송(時調頌)

시조(時調)가 하도 좋아
나도 읊어 보던 것이

그 벌써 한 이십년(二十年)
어제론 듯 흘렀구료

오늘 또 한 수(首) 얻고서
어린인 양 들레오.

이루다 못 푼 정
그려도 보고파서

옛 가락 그 그릇에
삶의 소릴 얹어 보니

새로움 더욱 더 솟아
내 못 잊고 살으오.

묶는 듯 율(律)의 자윤
내일(來日)바라 벋어나고

부풀어 말의 자랑
갈수록 되살아나

이 노래 청사(靑史)를 감넘어
보람쩍게 크리라.

(1955. 4. 20. 동망산방(東望山房)에서)

교차로(交叉路)

선과 선의 흐름이어
손과 눈의 견줌이어
여기는 네 거리
네 내가 섰는 곳
우러러 구름 길 보다
발길 다시 옮는다

그래 밝고 흐림의
지울 수 없는 교차로
웃다 울다 가는
삶의 도가니 속
굽어서 날빛을 찾는
발길 다시 옮는다

(1960. 1. 8. 동망산방(東望山房)에서)

갈매기

햇발은 다사론데
물결 어이 미쳐 뛰나

뜨락 잠기락하여
바람 마저 휘젓다가

푸른선 아스라 넘어
날라 날라 가고나.

(1952. 5. 남도영도우사(南都影島寓舍)에서)

삼월(三月)은

진달래 망울 부퍼
발 돋음 서성이고

쌓이던 눈은 슬어
토끼도 잠든 산(山)속

삼월(三月)은 어머님 품으로
다사로움 더 겨워—.

멀리 흰 산(山)이마
문득 다금 언젤런고

구렁에 물소리가
몸에 감겨 스며드는

삼월(三月)은 젖먹이로세
재롱만이 더 늘어—.

(1956. 4. 15. 동망산방(東望山房)에서)

청산(靑山)이여!

오로지 하늘 바라
청산(靑山)이여 서 있는가?

옹종기 네 권속들
날개 펼쳐 마주 쥐고

흘러간 세월에 안겨
오늘 날을 맞음인가.

무리지어 사는 곳에
네 없이 어이하리

물줄기 바람 소리
언제나 곁에 두고

온갖 것 길러 섬기는
내 벗이여 청산(靑山)이여!

소용돌아 풍화(風化)되어
땅 위에 자리잡고

네 품으로 찾아드는
인간(人間)이 못 잊혀져

그렇게 솟아 앉아서
날과 날을 삶인가?

      (1955. 2. 동망산방(東望山房)에서)

산(山)딸기

골짝 바위 서리에
빨가장이 여문 딸기

가마귀 먹게 두고
산(山)이 좋아 사는 것을

아이들 종종쳐 뛰며
숲을 헤쳐 덤비네.

삼동(三冬)을 견뎌 넘고
삼춘(三春)을 숨어 살아

되약볕 이 산(山) 허리
외롬 품고 자란 딸기

알알이 부푼 정열(情熱)이사
마냥 누려 지이다.

(1955. 9. 26. 동망산방(東望山房)에서)

중추월(仲秋月)

당신들 노시던 달
오늘도 둥싯 뜨오

밤 대추 햇송편에
있고 없고 갖춘 정성

들국화
피는 한 강산서
오손도손 나눕시다.

(1964. 9. 18. 감나무골에서)

대공(大空)의 황혼(黃昏)

무르익은 태양이
가물가물 타는 불길

구름도 피에 젖은 채
어둠을 불러 놓고.

기웃둥 내려앉는 기체는
흐림 속을 누비네.

길길이 가로놓인
구름 층계 밀치더니

바다도 지난 듯
그리 변ㅎ던 색구름 떼

이제는 검은 장막 속
밀려드는 괴괴로움!

떼구름 타고 넘고
검은 구름 숨바꼭질

세 층계 떨어져서
오(五)시도 넘은 무렵

붉으레 다시 빗기다
스러지는 임종이여!

(1961. 10. 12. 일본행기상(日本行機上)에서)

내 산하(山河)에 서다

1
일월(日月)도 서먹한 채
그늘진 정(情)은 흘러

핏자욱 길목마다
귀촉도(歸蜀途) 우는구나

건널목 숲으로 가름한
저 언덕과 이 강물!

2
진달래 피어들고
단풍잎 불타나고

부르며 바라보는
어배들의 보금자리

배리(背理)는 화사(花蛇)의 습성(習性)

굳어만 가는 마음벌!

3
얼룩진 수의(囚衣)이기
되씹는 회한인가

깁소매 접어 넣고
활짝 열자 닫힌 창을

섭리(攝理)는 새 날의 기수(旗手)
지켜 서는 내 강토(彊土).

4
오랜 역사(歷史)의 장(章)이
갈피갈피 어엿하다

한핏줄 소용돌아
가슴가슴 솟구친다

갈림은 만남의 정점(頂點)
휘어잡는 내 손길―.

(1965. 6. 감나무골)

서해상(西海上)의 낙조

어허 저거 물이 끓는다
구름이 마구 탄다.

둥둥 원구(圓球)가
검붉은 불덩이다.

수평선(水平線) 한 지점(地點) 위로
머문 듯이 접어 든다.

큰 바퀴 피로 물들며
반(半)나마 잠기었다.

먼 뒷섬들이
다시 환히 얼리드니,

아차차 채운(彩雲)만 남고
정녕 없어졌구나.

구름 빛도 가라앉고
섬들도 그림 진다.

끓던 물도 검푸르게
잔잔히 숨더니만,

어디서 살진 반달이
함(艦)을따라 웃는고.

(1957. 10. 동망산방(東望山房))
* 1957년 8월 4일 해군 함정 810으로 제주(濟州)를 찾아
서해상(西海上)을 달리다가

동해(東海) 바다

세월이 후미진 곳
모래알로 살음인가.

무슨 분노 무슨 희롱
한(恨)스러이 높아지나

코발트 지닌 넋을랑
하늘보다 짙은데—.

해정(海情)이 두드러져
바윗돌도 그을었나

온갖 것 감싸주는
그 정(情)을 못 잊는 듯

고동이 산정(山情)을 불러
메아리는 지평선(地平線).

인심(人心)이여 파심(波心)이여
미쳐 뛰는 사바(娑婆) 세계(世界)

여기 동해(東海)바다
번득번득 맑아 있고

천심(天心)엔 구름도 둥싯
갈매기도 가벼우이.

뇌우탄막(雷雨彈幕)·1

뇌탄(雷彈)은 날려 날려
앞뒤에 불을 뿜고

어미 등에 지친 애는
그만 잠에 떨어졌다

이것이 운명(運命)이라면
말할 나위 있으랴

하늘에선 불세례
적병(敵兵)은 앞뒤인데

등대도 아득하고
사공조차 간데 없다

그래도
남(南)으로 남(南)으로
밀려가는 이 무리—.

(1951. 5. 한밭우사(寓舍))

왕관봉(王冠峰)에 내려서서

1
산정(山頂)을 북(北)쪽으로
한걸음 내려서자,

즐퍼ㄴ한 교목지대(喬木地帶)
나무나무 바위바위,

기는 듯 빠져 내려도
끝날 줄을 모른다.

2
내려 뵈는 풀밭이
잡힐 듯 멀어진다.

두 시간 나마를
내리고 휘돌아서,

불숙한 갈대 언덕에

왕관봉(王冠峰)이 예라네.

3
쫘ㄱ깔린 대ㅅ잎 위에
푹신히 안겨보니,

온 길도 갈 길도
나는 영 잊었어라!

저 멀리 구름바다에
나를 태워 줬으면—.

4
저것은 왕관암(王冠岩)요
이 후미는 탐라계곡(耽羅溪谷).

부르면 부를듯한
제주시(市)가 고기 뵌다.

돌이켜 주봉(主峰)을 보니
우뚝 솟아 말없다.

(1957. 8. 14. 제주시여사(濟州市旅舍))

내일(來日)을

밝음 어둠 소용돌아
절벽을 찬 이 순간

목숨이 분수 되어
솟구친다 티끌 속을

내일을 내일을 안고
피어나는 무궁화.

하늘보다 푸른 넋들
피를 뿜고 가신 보람

하마면 삭잘린
가로수가 고작일걸

내일을 내일을 믿고
돋아 나는 무화과.

한가람 구비쳐라
북악이 높고 높다

이 땅 곳곳에
새벽이 닥으련다

내일을 내일을 바라
여기 태어난 독생자.

(1961. 5. 19. 낙산우사(駱山寓舍)에서)

제2부 노고지리

해동기(解凍記)

매화가 눈을 닮아
성긴 울 밑 방싯대면

묵은 닭도 벼슬 붉혀
목청 돋궈 활개 치나

검던 산 인왕도 솟아
아지랑이 감도는데―.

한가람 빛이 살아
물오리 쌍을 짓고

덕수궁 후밋길엔
걸음걸음 오손도손

십자가 솟은 머리로
비둘기도 꾸꾸 꾸꾸

여미던 깃도 내려
가슴 또한 봄볕이고

목멱(木覓)이 벗을 부르다
졸음으로 잠차졌네

임진강 찬 물 너머로
제비만은 오가는데ㅡ.

(1967. 1. 감나무골에서)

춘일산음(春日散吟)

수양(垂楊)

가지마다 드리운 정
가누지 못하는 나날!

멀리 아지랑이 바라
허공 지켜 사는 목숨,

푸르름 속잎을 돋구어도
한 봄을 누리나?

제비

박씨를 물고 왔나
왁자히 뜰을 뇌네

처마 밑 옛 둥우릴
갸우뚱 살펴 보곤

두 나래 깁을 자르며
하늘 도는 저 맵시!

개나리

잎이 버네 꽃잎이 버네
노란 노란 웃음이 버네

긴 긴 어둠을 깨고
덤불덤불 주저리고

하구한 세월을 딛고
이 한봄을 손짓하네.

봄비

어느 숨결인가
정겨운 속삭임은,

온 천지 가득
흥건히 젖어드네,

쪽대문 울타리 밖을
나도 젖어 걸어 보네.

옥매(玉梅)

꽃밭 한 모롱이
야위어 선 휘추리에

옹종기 모디어서
옥구슬 터친 웃음,

화사할 봄을 겨루어
앞장서는 자세들!

노고지리

하늘 하늘로만 솟아
보리밭 그리는 노래!

그 무슨 잊지 못할
애한(愛恨)의 넋이런가?

사귀어 따르다 보면
되미치는 메아리—.

                    (1971. 2. 감나무골에서)

심춘사(尋春詞)

산바람 강바람이
오가는 길목마다

소롯이 남은 눈이
앙금처럼 깔렸어도

망울진 골짝을 누벼
아지랑은 피어나.

청노루 쉬어 넘던
영마룬 고향이어

한 곡조 메나리에
핥옷도 너훌 춤이로세

니나니 가락 겨운 듯
봄을 찾는 나그네.

(1967. 2. 감나무골에서)

하일이제(夏日二題)

파초상(芭蕉像)

모래에 뿌리한 채
남국의 꿈을 바라

죽죽 벋은 잎새
훈훈한 바람이여!

불 붙는 햇볕을 담아
푸르름에 사는 너.

해바라기

가난이 아직 고와
뜨락을 지킨 세월

크나한 화관(花冠)들이
오뇌도 감싸주나

저 멀리 구름 길 아득
꿈을 익혀 사는 너.

(1970. 5. 감나무골에서)

가을오제(五題)

수숫대

키다리 수숫대는
주체스레 이삭 달고

푸른 하늘 조아리며
추석을 기다리네

올 가을 수수고물제빈
동이 함께 먹어야지―.

참새

그 까만 동자들을
동글동글 깜박이며

동구밖 재재공론
단풍 잎 더욱 고와

덤불 밑 참새 공론도
익어가는 어스름!

갈대

흰머리 너울짓는
저 언덕 갈대숲밭

어깨동무 처얼철
그 소리도 메아리쳐

노을이 비낀 언덕으로
신이 나는 숨바꼭질!

고추

빨간 고추지붕이
겨울로 다가가네

무 배추 퍼러한
오래뜰도 풍성하고

엄마의 다래끼 속엔
엄마 마음 가득해—.

가을

벼 이삭 휘어진 둑
아빠의 환한 얼굴

시루떡 무설기
눈앞에 서리는 김

가을은 보람만 찬 잔치
누나도 시집간대—.

(1969. 5. 모래내에서)

민들레

미풍에 방식 섰는
민들레 너를 본다.

서울역 앞 녹지대 위
잔디 틈에 끼인 대궁

포탄(砲彈)은 머나먼 기억
차창가로 다가 서며—.

(1967. 8. 감나무골에서)

어머니 영(詠)

견디어 삼백 날은 살얼음 밟아 살고
팔딱 놀 때마다 환희로 뛰던 가슴
넘기던 일력 장장에 배어 벅찬 마음씨

진통의 회오릿속 트여난 고고의 싹
안도 숨소리에 지켜선 봄바람에
밤낮을 오로지 하여온 그 하나의 정이여!

다칠세라 꺾일세라 살펴 북을 돋아
자리 가려 옮겨 마음 조려 날을 이어
줄기찬 한줄기 소망 쌓아올린 탑이여!

흰 머리 깊은 주름 한 생 그 한 마음
목숨 다한대도 못 잊던 그 너그러움
가슴 속 터져 넘도록 썰고 밀고 굽이짓네.

(1969. 4. 모래내에서)

실향곡(失鄕曲)

눈 감으면 거울되는
내 놀던 푸른 언덕

북한강 따라 올라
사명산(四明山)의 북녘 기슭

지금은 파로호(破虜湖) 깊숙한
어별(魚鱉)들의 보금자리.

피어난 진달래가
석장을 수 놓으면

산꿩들의 울음따라
잠차지던 소꿉놀이

냉잇국 쑥버무림에
초생달도 밝았지?

물이 불면 고기 뜨고
날이 들면 뱃놀이들

벌거숭이 하동(河童)들의
꿈은 마냥 부풀기만

밤나무 그늘 밑에서
귀글 소리 우렁찼지?

서시래 벼랑 끝에
단풍이 불타나고

영 너머 조 이삭이
석양에 물들며는

온 마을 타작 마당은
풍년가로 들렸지?

눈이 찬 바람이
강마을을 휘몰아치면

잉어 잡이 토끼 몰이
따라나선 꼬마 용사

짚신 속 발가락이 얼어도
지칠줄을 몰랐지?

이렇듯 꿈 꿈으로만
새김하는 옛 내 고향

이순(耳順) 문턱에서
티끌만 호흡한다.

색동옷 그 마당에 앉은 채
소쩍소리 들으며—.

(1967. 11. 감나무골에서)

관동오경(關東五景)

낙엽(落葉)

푸른 솔 붉은 단풍
저렇게도 어울리어

멋대로 자라
제 흥을 겨워겨워

뿌듯이 비알을 지키다가
소리없이 지는가?

계류(溪流)

바위 바윌 타고
돌다 솟아 쏟쳐 고여

하늘을 밴 채
구름을 띄워 놓다

동곡을 온통 뒤놓는
소리소리 내 소리.

폭포(瀑布)

씨원히 내려 쏟는
줄기줄기 물줄기

한도 원도 그만
풍기는 포말인가?

주야장 목을 놓아서
골을 골을 뻐개네.

일출(日出)

산머리 맞던 태양
의상(義湘)에 올라 본다

붉게 타던 수평
쭈뼛 솟는 불꽃

육중히 구름도 타네
금물결로 춤추네.

월출(月出)

영도 넘어 팔백릿길
경포(鏡浦)의 달을 본다.

하늘에 물 위에
물 속에도 달을 본다.

지긋이 젓대를 물고
한밤 내내 한밤내—.

(1969. 10. 모래내에서)

지리산(智異山) 산음(散吟)

대원사(大元寺)에서

오랜 해탈(解脫)의 목탁
물소리로 더욱 맑고

천왕(天王)을 업고 앉은
연화대(蓮花臺) 미소지어

때 묻은 합장의 나그네만
하욤 모를 미명(未明)이예!

무명폭(無名瀑)에서

쏟아도 쏟아봐도
끝 모를 아우성뿐

절벽은 외오 높아
귀도 막은 부처인가?

다람쥐 서대는 아래
산꽃 방싯 웃네야!

서리봉(峰)에서

땅으로 돌아오른
바위 틈과 봉우리들

하고 한 비바람에도
서슬이 무딤 없네

서리봉 더듬는 저 멀리
구름송이 송이들!

천왕(天王) 정상(頂上)에서

꿈에 보아온 천왕
이렇게 올라 섰네

사위회천(四圍回天)해도
비바람마저 잠들었네

저 천애(天涯) 석양을 안고
가슴가슴 태우네.

남원 구례 하동 진주
받들어 손 잡았네

노고(老姑) 반야(般若) 세석(細石)
까마득 엎드렸네

천지송(天地頌) 소리 높이며
바위 위에 올랐네.

(1970. 2. 모래내에서)

다도해(多島海)

끝 모를 출렁임에
쪽빛 마음은 깊어

갈매기도 구름을 불러
넘노는 사이사이

응결져 저겨 선 모습들
선듯 선듯 맞아 주네.

돌고 돌고 비껴 빠져
안고 업고 쓰담는 눈길

솟는 듯 앉는 듯
눕는 듯 기는 듯이

허허한 요람에 안겨
자세짓는 섬. 섬. 섬.

고동에 들레인 마음마음
저어 뵈는 영송(迎送)의 손길

돛배도 저어기
물결따라 키를 잡았다

동백(棟栢)이 피고 진 그 둘레로
정(情)을 줍는 나그네.

    (1968. 7. 다도해선상(多島海船上)에서)

제3부 소리소리소리

소리 · 1

비짱 소롯이 열고
자리한 태백의 기슭

인내로 얻은 씨앗
산과 물 줄기 따라

만 년 이어온 가쁜 숨
귀 모아 보는 오늘이다.

나뉘고 모여지고
또 갈린 남북 겨레

벌 나비도 넘나드는
담도 없는 그 너머서

서로의 부름만 굽이져
저 하늘을 감도나.

소리 · 4

한떨기 이울며는
또 한 송이 피어나듯

청자를 보듬은채
백자 빚은 정성

파란의 오(五)백년 하늘이
점멸되어 흐른다.

빼어난 새기운은
내 글자도 지어놓고

해시계 물시계에
백성 위한 다스림

장백산 굽이진 물소리
내 강토를 지킨다.

소리 · 6

다짐도 허사로고 어수선한 틈을 노려
북쪽 되바람이 이 강토 휩쓰는 소리
사흘도 못버티고서 궁궐마저 앗기다.

산산 조각이 난 채 아녀잔 울부짖고
호기에 찬 오랑캐는 산성을 에워 싸고
항복을 재촉하는 화살 빗발되어 꽂히다.

항전과 화해의 사이 충정으로 엇갈리다
사직과 겨레 위한 피치못할 통곡 속에
곤룡포 자락을 끌고 삼전도 꿇앉다.

수욕과 원분으로 초목도 빛을 잃다
한강수 삼각산을 돌아돌아 붙안고서
기약도 못할 발길 옮기던 비바람 속에 북행길.

(1977. 6. 26. 자하산사에서)

소리 · 12

말도 잃고 글도 빼앗겨
벙어리 냉가슴으로

죽지 못해 이어 살던
어둠의 그 나날들

젊은이 마구 끌리어서
목숨 헐케 버렸다.

동아의 천지 가득
단말마(斷末魔)의 말굽 소리

사랑의 금지환도
가전(家傳)의 쇠붙이도

허망의 이름을 쓴 채
앗기고야 말았다.

지긋이 눈 감으면
핏자욱 선연하고

돌이켜 귀 담으면
곡성(哭聲)만이 충천하여

숨통을 보듬어 안고
동트기만 헤이다.

(1979. 4. 19. 자하산사에서)

빛

드높은 하늘 이고
광야를 걷는 나그네

휘돌아 바람을 타고
오뇌에 젖어 본다.

가녀린 젖줄을 찾듯
한가닥 빛을 바라

목타게 캐는 광맥
잡히잖는 어제 오늘

주사위도 던져 가며
고삐를 채쳐본다

그 어느 가난한 품에라도
안기고만 싶어서

부서지는 잎새 소리
공간을 무찌르고

스산한 오두막에도
등불이 점멸된다.

길고 긴 목을 늘이어
빛을 줍는 무리들

                (1975. 11. 28. 자하산사에서)

그 문은 열리리

푸른 날개 쳐
회천(回天)하는 독수리

먼 희망의 문
구름 속에 가물가물

쉼 없이 솟고 솟으면
그 문 그 문 열리리

(1977. 5. 11. 자하산사에서)

비, 비야 오려마

충혈진 망울 망울
지열(地熱)딛고 마주선 채

타 마르는 풀과 나무
새싹이 안쓰러워

오늘도 조로나마 들고
합장하는 가슴이여.

날던 새도 할딱이고
노던 고기도 숨 모은다

태양은 이글대고
구름조각도 간 곳 없다.

시원한 바람결이나마
이 언덕을 넘어보렴.

날벼락도 번갯불도
다 견디어 살으리라

한배검 이어온
버리지 못할 터전 위에

네 내가 흥건이 젖을
비 비야 오려마.

(1975. 4. 18. 자하산사에서)

도공의 노래

대를 이어 이어 흙으로 사는 생애
고사리 손매들은 갈구리가 되었어도
못 이룬 보람을 찾아 또 한밤을 지샌다

이기고 다지어서 뭉쳐 든 한덩이 흙
돌리고 다듬으며 이루려는 기물(器物)들에
눈매엔 불길만 솟고 숨은 좇아 끊인 듯.

굶고 헐벗음이 오히려 보배로워
미소짓는 야윈 얼굴 주름은 깊었어도
자랑의 맥줄을 이어사는 외로움의 불사조.

(1981. 10. 16)

가을이 오면

풀섶 나무 잎이
노을로 불 붙으면

드높은 창궁은
투명 속의 청자 거울

빠알간 능금알들이
가슴 가슴 안기네

이렇게 가을이 오면
마음은 돛을 달고

그 옛날 뒤뜰의
능금 밭으로 닫는다

못 잊을 하나의 영상을
되찾아나 보련 듯

내 지금 잎이 지는
가로수 밑에 섰다

잡담과 소음이
휘밀리는 한복판에

어설픈 발길도 멈춘 채
황혼을 부르면서—.

(1972. 9. 30. 자하산사에서)

산나리 꽃

허공 담장 허리에 뿌리한 산나리꽃
활짝 피어나 한 여름을 열고 있다
그 어느 보람도 겨웁게 넓은 하늘 받혀 안고

어릴적 산기슭에 반겨찾던 그 모습을
창 열고 바라면서 가슴 설레이며
소음도 멀어진 한낮 절로의 뜻 새기다

한 알의 씨앗도 저렇게 길찬 것을
외오 따르지 못하는 회오(悔悟)같은 어설픔에
앙가슴 소용돌이치는 물소리를 듣는다.

(1980. 8. 11)

무영탑

갈마도는 계절을 딛고
튀는 석화(石火) 야문 손길

젊음을 사룬채로
쪼아올린 무영의 석탑

천년의 비바람 속에서도
오늘을 살고 있다.

그리매 그리매라도
보고졌던 한 여인

그 한을 가슴에 안고
뛰어든 물결만 남아

또 하나 큰 한이 되어
겨레의 맥은 솟는다.

박제(剝製)의 어릿광대
줄을 타는 한낮이요

사슴이 해금 켜는
가시밭 등성이라도

이 사랑 이 얼은 살아
열음 맺아 지리라.

(1975. 7. 8. 자하산사에서)

의상영일

눈 부벼 대(臺)에 올라
동쪽 멀리 수평을 본다

붉게 물든 하늘
그 짙은 한 가운데서

희맑안 금빛 얼굴이
싱긋 웃고 나선다

금빛 은빛 넘노는 바다
환히 밝아진 누리

어느덧 떠오른
빛의 왕자 눈 부셔라

죽였던 숨을 모두면서
갈길 잊고 앉았다.

의상(義湘)은 여기 앉아
두 손을 모았겠군

송강(松江)은 저기 기대
시를 읊어 냈었겠지

나 지금 초초한 자락으로
이 자리를 빌렸노라

(1971. 9. 29. 의상대에서)

제4부 날빛은 저기에

속·소리·1

5·16광장 메운
피붙이의 울부짖음
30여 년 그리움이
솟구치고 메아리쳐
한강의 여울을 넘어
허공으로 번지네

만나면 헤어짐이
세상의 이치라지만
남북의 형제자맨
바이 없는 기억 속에
오늘도 임진각에 올라
구름길만 더듬네

(1984. 2. 27)

속 · 소리 · 2

사하라 상공에서
꽃으로 진 영혼들을
부르고 불러보는
어이없는 몸부림에
깊은 한 나울을 피우다
포말로만 흩는다

짐짓 쳐부수고
떠나버린 난폭자여
조각난 망령들만
물결따라 소리친다
석양에 노을만 짙게
가라앉은 둘레에서

(1986. 5. 27.)

황토길

역사가 징검다리로 이어지는 길이 있다
좁고 휘돌아서 마을과 마을로 간다
태고의 흰옷자락을 흙탕 속에 적시면서

해가 뜨고 달이 밝아 풀피리도 불어본다
어른 아이들이 턱을 괸채 쪼그리고
옛얘기 되풀이 들으면서 새바람을 마시고

아스팔트 곧은 길가 비닐하우스 늘어서고
양옥이 여기저기 자세짓고 버티어도
살아갈 그 길이 가슴에 와 서린다.

(1987. 3. 15. 자하우사에서)

흐름 속에서

구겨진 옷깃 세워
트인 하늘 바라본다
시나브로 나노는
눈발따라 거닐며는
그 생애 꺼져 산 거품들이
노을 되어 흐르고

숨가쁜 고비 오면
푸른 강물 그려본다
뒤덮인 먼지 속에
갈길조차 잃을 때도
그 햇볕 저리 솟아서
원초(原初)인 듯 불타고

어둠을 짓씹으며
민들레꽃 다둑인다
흥부의 박씨라도
바래키는 흐름 속에

녹슬은 징을 치면서
따라서는 군상(群像)들!

(1982. 12. 31)

손금을 보며

때로는 손을 펴고
손금을 응시하면
가는 금 굵은 줄이
이리 뻗고 저리 얽혀
굴곡된 삶의 판도인 양
가슴 깊이 닿는다

깊은 계곡따라
물소리 노래짓고
불룩한 둑덕 위론
바람도 휘모는데
목숨줄 휘감은 언저리로
무지개도 어린다

좁은 그 속에다
운명도 맡겨 보고
하고한 세월자락
피어나는 소망들에

지그시 눈을 감은채
되새기는 먼 그날

(1983. 2. 1)

박제(剝製)

목숨은 도륙되어 건성 버텨섰고
겨누는 동자는 항시 한 곳인데
날 듯한 그 자세에 자꾸 가슴만이 조인다

잃은 것도 얻은 것 있음도 없음인데
나래쳐 휘날자고 갈구하는 여울목에
비춰든 아침햇살만이 감기고만 있구나

찢긴 어제 오늘 목목에 휘감기어
바자님도 뉘우침도 아예 밀친 허상(虛像)이기
청자의 맑음을 걷는 내일내일 아쉽어

(1985. 2. 4. 아침)

안개만 짙어

갈길들을 찾아나선
무리들의 허둥거림
경적과 전조등에
그만 우뚝 서버린다
태양도 그에 휩싸인채
넋도 잃었나보다

이제사 그 날빛을
애타게 바라면서
드듬더듬 길을 찾아
걸음을 이어간다
더러는 비탈이어서
쓰러지기도 하면서

하나 그것은
때때로의 시험물
태양은 다시 밝아
갈 길들을 찾게 한다

벗이여 이 안개 늪에서
슬기를 찾아야지

(1989. 10. 22. 상계우사에서)

풍향계(風向計)

부는대로 움직이다
우뚝 서고 말았구나
갈팡이는 바람결도
불고 뜰 뿐이어서
떠도는 구름발마저
칠흑으로 덮였다

어서 이바람 멎어
풍향계를 돌려야지
저 산천 초목들은
자라기를 서두르니
해맑은 날빛을 찾아
세기의 문 활짝 열자

(1987. 12. 21)

항아리

비운채 입을 열고
하늘 바라 숨을 쉰다

하고 한 세월자락
그리움이 솟구쳐도

지긋이 다독이는 둘레
살아 향은 흐르고

떨리던 그 숨결과
응얼진 그 눈초리

이어 타던 불길에
고뇌 함께 사룬 아침

환희와 좌절을 디딘
지순이여 빛이여

(1983. 12. 25. 자하산사에서)

북악(北岳)에 단풍 들다

북악 바위서리 단풍이 물들었다
무성턴 푸름태워 바람에 휘말린다
오가는 아귀다툼도 가지 끝에 익히며

하늘은 드높아져 구름 점점 띄워놓고
바애는 그 빛 감싸 아득히 둘렸는데
눈물과 웃음 노을져 해는 서산 넘는다

이렁 불타다가 서릿발 눈내리면
언가슴 다둑이며 인고의 세월 안고
새봄을 새봄을 맞으려 나이테를 감는가

(1988. 11. 5. 자하산사에서)

어린이 시조들

걸음마

기우뚱 옮겨 놓고
하하하하 손 흔들고
또 한발짝 띠어보다
엉덩방아 찧고서도
일으킨 엄마의 손길
뿌리치는 고사리 손

잠투정

으아 입언저리에
스며내리는 눈물방울
둥개둥개 쓰러안고
마음조리다 보면
그 눈물 옷섶을 적신채
스르르 새근새근

별따기

긴 막대 둘러메고
언덕으로 달려올라
어둠 속 반짝이는
별하나 따보려고
발돋움 발돋음치며
휘젓고 휘젓는다

개구쟁이

질펑한 수렁마당
이리 뛰고 저리 뛰며
강아지와 어울리어
넘어지고 자빠지나
얼굴엔 앙괭이 그려
희희하하 손뼉이다

새치기

아이들 줄을 서서
버스를 기다린다
언 발을 동동동
찬 입김 엇갈린다
새치기 큰 몸둥이를
우웅하고 밀어낸다

(1986. 10. 30. 자하빌라에서)

깃은 헐리고
―1970~1986 여름까지 정들었던 자하산사를

서울살이에서 가장 오래 머문 자리
짐꾸려 옮긴 빈터 정적을 깨고
크레인 드높은 소리로 허물어져 가기만

정어린 선물이기 정들여 가꾼 오동
십칠 년의 흔적 그냥 나뒹굴어 떨고 있고
싱그레 너울대던 파초도 소리없이 쓰러졌다

방싯 반겨주던 산목련도 흔적없고
겨우 살려피우던 매화도 살지 말지
추위가 닥치는 언덕에 세워지는 골조기둥

용문산정(龍門山頂)에서 옮긴 원추리꽃 맺힌 정도
파로호에서 맞아온 상사화의 그리움도
뿌리서 돋아 자라던 감그루도 먼 기억뿐

볼 붉혀 안겨오던 대추알도 아물아물
주저리 달려 웃던 청포도도 눈에 어리고

그 그저 허수아비로 허공만을 바라본다

사십여 편 자하산사의 환목찬(花木讚)도 시로만 남고
아침저녁 매만지던 손길도 자취로만 남아
주름진 얼굴만 들고 석양길을 밟는다

       (1986. 11. 16. 자하빌라에서)

자하산사의 화목초(抄)

서곡

개나리 진달래로 봄을 여는 자하산사
모란 난초 장미화로 무궁화가 이어피고
국화꽃 담쟁이가 이울면 흰 눈꽃도 반기네

개나리

담장에 걸치어서 노란 웃음을 터뜨리면
얼었던 가슴 녹고 시름도 삭는 하늘
내 한점 구름으로 떠 너와 함께 흐르리

산목련

산목련은 아직인데 연보라 두툼한 잎잎,
뭔 사연 안으로만 감싸 뜨락을 지키더니
아픔도 미련도 잊은 듯 시나브로 떨리네

황매화

노란 송이 송이 의초롭게 나눠 앉아
소근 소근 주고 받는 그 말도 듣는 듯
가는 봄 아랑곳인가 누려사는 한 생애

앵두

꽃은 어느 사이 파란 열매 조닥조닥
터질세라 빨가장이 가지가지 받쳐 들면
더위도 삼간 영역에 내가 나를 잊어라

겹벚꽃

뒷문안 지켜서서 탐스러이 벙그렀다
드나는 사람에게 정도 함께 나눔인지
바라는 눈매 눈매에 꽃물 가득 고이네

군자란

보란 듯 주홍색에 두세 송이 펴든 날은
발길도 가벼웁고 종일토록 밝은 마음
엇갈린 가슴마다에 나누고파 이 은총

모란

5월의 여왕이듯 홍안의 소년이듯
훈풍에도 흩음없이 햇볕을 안고 안아
역겨움 다 밀어 치운 채 그 한생을 웃고 있네

담쟁이

더위나 가뭄에도 무성을 자랑터니
서릿발 두세 번에 발가장이 물이 들고
우수수 떨리는 잎새에 겨울빛이 묻어드네

백합

희고 두툼한 얼굴 향마저 풍겨주고
더위에 찌든 뜨락 달 또한 솟아드니
잊었던 삶의 속삭임 들리는 듯 듣는 듯

봉선화

오랜 세월따라 손톱손톱 물들였고
얽매인 한에 겨워 울밑을 지키더니
그 붉은 입술을 열고 이 여름도 맞는가?

벽오동

천 리나 먼 진주에서 보내온 정성심어
숫고 뻗은 길찬 줄기 넓은 잎 그 한 끝에
연보라 꽃잎 벙그네 이 오월을 여네

산목련

산골짝 그윽히도 절로 핌이 격이어든
이 뜨락 아침 저녁 향도 띄워 반겨주니
내 또한 산사람 되어 눈을 지긋 감는다

파초

옴추렸던 숨은 살아 한여름을 펴고 섰네
고향에 돌아온 듯 바람타고 너훌너훌
이 뜨락 풍요로움을 가득 품에 안고서

옥잠화

잎새도 무성하게 한 여름 자랑타가
쭉 비죽 대궁마다 옥잠(玉簪)이 반가워라
해와 비 번갈아 쏟은 정성 이날 위함이런가

상사화(相思花)

님이 그리원가 혼자 자라 마음 열더니
기다림에 지쳐선가 님 못본 채 사그러졌네
이렇게 한을 먹고서 잎만 자라 푸르고

원추리

용두산 꼭대기서 보란 듯이 피던 너를
애꿎게 옮겨 놓고 함께 살려 하잤더니
아파라 해 따라 쇠잔하는 어이없는 그 모습

채송화

색색이로 땅을 깔고 이어 피는 채송화꽃
일생을 바라봐도 젖먹이 재롱둥이
큰 것만 다가 아니어 채송화로 살어리

무궁화

여름의 문을 여는 담담한 그 모습이
지고 피고 피어 가을도 마다 않고
속으로 짙게 안아드는 정 잡고 아니 놓는다

분꽃

때를 알려 피고 지는 작은 나팔의 화관이여
푸른 잎에 싸여 생긋이 웃고 웃네
까만 씨 알알이 익혀 꽃방 속에 숨기고

억새

외진 언덕을 덮던 흰 물결 그렸더니
뜯기다 남은 줄기에 겨우 솟은 억새 꽃이
어설피 가을을 안고 담장 밑에 서 있네

문주란

제 고장 떠나온지 어언 29여 년
두세 번 꽃을 보곤 잎만 쭈뼛 뻗는 양에
죄스럼 날로 더 겨워 가슴 가만 떨리네

제5부 요즘의 심정

요즘의 심정

1
손수 가꾼 자하산사
꿈도 있었건만

빌라로 둔갑된 훈
박제된 허수아비

이곳을 떠나 옮겨지니
속빈 강정만 같을 뿐.

2
상계(上溪) 하계(下溪) 썩은 물가
3, 4년 살았어도

굳어만 진 고립의 벽
서먹하던 짝도 잃고

외롬만 다가서 오네

지난 날만 되살아나.

3
누구와 같이 바둑알
쥔 채 갔으면도 하고

먼 산머리 구름길을
더듬어도 보지마는

바람만 살포시 가슴에 안겨
실존(實存)임을 알리네.

4
이젠 아들 따라
강남으로 옮겨왔다

여기는 삼전도(三田渡) 근처
아세아 선수촌 옆

희비의 그림자도 짙어
숨결 모아 삼킨다

5
아직 사람이기
미련도 애착도 있다

내 삶의 흔적들을
남겨 두고도 싶다.

내 묻힐 산언덕에다
작은 집도 짓고 싶다.

6
내 쓰고 가졌던 것들
한 곳에 남기고도 싶다.

그것이 몇 년 갈진

헤아릴 순 없더라도

내 분신 그대로 남겨
있는 날까지 두고플 뿐.

7
욕을 먹으면서도
시조문학 내는 일에

내 마지막 힘을
기울이고 있지만은

늙음은 그 한계마저
지켜 주진 않는 듯.

8
늦게 얻은 아들도
불혹 넘어 제 길 가고

며느리도 두 아들을
키워 놓고 제 일 열었다

두 손잔 사이좋게들
공부하니 귀엽기만.

(1994. 4. 18. 잠실 우성우사에서)

난초가 벙그던 날

너를 얻어 반 년이나 맘 조여 지키었다
빳빳한 잎새들은 그늘을 좋아했고
모래에 뿌리한 너는 기다림의 나날이었다.

창 열고 바라본 난 장승으로 눈부셨다
그 잎새들 사이로 꽃대궁 꽃대궁이
가슴만 고동쳐 올라 말도 그만 잃었다.

하나 둘 망울 벌어 향은 가만 일어나고
보건 안보건 꽃은 마냥 웃음이다
이 지순 이 한생 길이 누리고만 지어리.

(1990. 9. 1. 상계우사에서)

진달래 연가(戀歌)

철길가 흐드러진
함박 웃음 밀물로 와

연분홍 맺힌 사연
찾아드는 이 오후는

스치는 꽃샘 바람도
가슴 깊이 안긴다.

해마다 이 기슭에
고요히 피어나는 너

외롬을 감싸주고
설레임도 다독이고

그 생애 다함 없는 정을
궁창 가득 채우나.

네 품에 안기고파
공간을 달려간다.

옛 고향 비알따라
피던 그 모습들

이제사 다시 찾았고나
이 마을 이 언덕에서.

바람도 자취 없고
벌 나비도 숨었는가

너와 나 고요 속에
나눌 말도 잊었노라.

어둠아 네 증언으로
한밤 내내 새우리라.

(1991. 4. 15. 상계우사에서)

이 아침에

지척 지척 뿌리는 비
하루 멀다 투정해도

어김없이 떠오르는
저 해는 제길 간다

밝아온 창문을 열고
숨을 뿜는 이 아침.

수돗물 저만 두고
샘을 찾는 무리 무리

새들도 잃어버린
빛바랜 나무숲속

그래도 팔들을 벌리어
숨을 뿜는 이 아침.

흐느끼듯 흐르는 물
북한산을 바라본다.

맑은 샘 끊임없이
솟고 솟아 오르며는

그 훗날 저 물가에 서서
숨을 고를 이 아침!

(1990. 5. 7. 상계우사에서)

낙화(洛花)의 변(辯)

꽃도 피면 이우는 법
떨어짐 또한 자연이지만
몰아친 광풍으로
휘날려 허공을 도니
보는 이 가슴 가슴에도
허허로움 더하리.

역리가 순리됨도
세상의 흐름이라지만
낙화를 순풍에 실어
제자릴 찾게 함도
이 또한 다사로운 꽃으로
길이길이 남을 것이.

휘몰려 날려진 꽃도
대지는 감싸준다.
날빛과 습도 또한
번갈아 찾아준다.

남은 향 고이 지니면서
이 한 생을 다하리.

(1991. 1. 26. 상계우사에서)

어린이 놀이터

앨토 테너들의
가녀린 아우성이
노을진 하늘가로
솟아 솟아 퍼져 간다.
그 둘레 길찬 앞날인 듯
노을빛도 어린다.

어둠이 다가와도
그 들렘 멎지 않고
세상의 검은 그림잔
먼 산 속 메아릴 뿐
아름이 장미야 부르는
소리 또한 드높아.

흙투성 손을 잡은
엄마들의 가슴에도
밝은 등불들이
어둠도 삭히는 듯

계단을 찍어 오르는
내일만이 있는 듯.

　　　　　　　　　(1994. 1. 30. 하계우사에서)

백운대(白雲臺)여!

산머리 주저앉아
하늘땅 멀리한 채

오랜 세월자락
다둑여 서려담고

무수한 밀어를 빚으며
오늘 내일 잇는가.

검은 구름 뒤덮어도
그 이름은 백운대로

따슨 바람 불어오면
새와 꽃 불러도 보고

시원한 바람결 따라
녹음에도 안겨본다.

단풍잎 떨뜨리다
입어도 본다 새하얀 눈옷

사방을 둘러보며
말문 열고 열고파

무언의 대화 오가기에
이리 멀리 섰노라.

(1994. 1. 25. 하계우사에서)

파로호

산굽이 물굽이를
돌아 오른 호수 속에

내 어린 시절이
아스므레 웃고 있다.

그 어언
반세기의 풍상
꿈인 듯이 흐르고—.

봄이면 돛배 두어 척
물길 따라 올랐고

가을되면 금강산이
단풍잎에 실려왔다.

옹종기
초가로 어울려

숨 고르던 강변마을.

밀리고 밀어 찾은
피어린 고향인데

녹 슬은 철망 저 쪽
어기찬 천리 동토(凍土)

파로호
꽃바람 타고
웃음 동산 이뤘으면—.

(1992. 상계우사에서)

강강수월래

아스라한 그 메아리 끊임없이 이어진다.
나부끼는 치맛자락 달빛을 감싸안고
치렁한 그리움에 젖어 이 밤 또한 깊어만.

시름겨운 흥이어라 종종걸음 되돌리고
내딛는 발길 따라 샛별을 기다린다.
길차게 강강수월래로 이 둘레를 지키어.

(1992. 3. 17. 상계우사에서)

이 길목에서

저겨 일어서니 천길 만길 낭떠러지
그 아래 허줏간에 모과수 열매 뵌다.
엇물린 쇠소리는 높아 비지땀을 쏟는데.

메뚜긴 자취 없고 벼이삭은 익어간다
길 잃은 황새만이 목을 틀고 서 있는데
지나는 소나기 한 자락이 노을 속을 스친다.

드넓은 공간 속도 성에 차지 않다는데
단칸 셋방에는 봄기운이 오고 간다.
이 어둠 밝힐 여명 따라 손을 모는 이 길목.

(1991. 8. 12. 상계우사에서)

어머님

어머님 방망이 소리 언덕 기어 오르고
햇빛은 물무늬 타고 재롱지어 퍼지는데
땀방울 얽힌 미소가 어제 같은 먼 기억.

발가숭 물장구를 지키시던 그 눈길은
우리들의 오늘을 꿈으로만 간직한 채
그 벌써 가신지 60여 년 사진만을 더듬고.

언제나 내편이시던 어머님 주신 그 힘
내 삶의 지팡이로 세파를 헤쳐왔는데
묘소의 잡초와도 같이 그 미소 다시 봤으면―.

(1992. 7. 15. 하계우사에서)

짝은 떠나고

팔순 한 평생을
사는 듯 살도 못하고

한 마디 말도 못한 채
떠나간 그대 모습

봉긋한 무덤에 누워
부슬비에 젖는가.

피려던 열여덟에
귀밑머리 풀고 와서

어렵사리 살림살일
말없이 꾸려 주고

사남맬 키워 키워서
보란 듯이 세웠고.

회한은 비바람 되어
문득 문득 감겨온다.

아침 저녁 상머리에
앉은 듯 어리는데

그 미소 안개 속으로
아스라이 숨는다.

(1991. 7. 10. 하계우사에서)

가람(嘉藍) 스승님

스승님 태어난지 어언 백 년이요
스승님 가시온지 그 벌써 20여 년
그러나 그 모습 그 목소리는 그냥 살아 감돈다.

소박한 풍채에다 꾸밈없던 그 말씀이
난 향기 어울리어 술잔에 얹히었지
책들을 벗들로 하여 한 생을 사신 그님.

고전을 풀어주고 국문학의 길을 열어
시조의 나갈 길도 바로 일러 주시었고
오늘의 시조의 숲도 그로 하여 이뤄졌다.

우리말 글 지키려다 감옥에도 드시었고
말도 잃은 몇몇 해를 수우재의 주인으로
대바람 그 품에 안기어 그 창가에서 가시었다.

그 무덤 그 뒷산 푯말도 없이 봉긋 앉아
해와 달 번갈면서 그 무엇을 나누시나

허망을 지긋 누르다가 싱긋 웃음 지시나

고이 쉬으시라 한 줌 흙이 되셨어도
그 글과 노래는 길이 길이 남았도다
이렇게 백 년을 기리는 노래도 있잖소

(1991. 3. 27. 상계우사에서)

[해설] # 역사의 결 속에서 익어가는 삶의 연륜
― 이태극 선생의 시조문학 ―

우 한 용

서울대 교수

1. 삼월이면 생각나는 시인

 시인이 하는 일 가운데 시간의 감각을 되살려 주는 것만큼 큰 것이 없을 듯하다. 이는 흔히 시의 이론이라든지 이념 등에 묻혀버려 언급을 하지 않고 지나간다. 그러나 우리가 추구하는 삶의 이상은 어쩌면 감각이 살아 있고 그것이 생생한 감수성으로 서로 전수되는 삶이 아닐 것인가 생각하게 된다.
 언어기호 저편에서 메마르게 전개되는 삶의 갈피에 계절의 감각을 살려 주는 것은 시를 읽는 기쁨 가운데 가장 큰 것일지 모른다.
 삼월이면 생각나는 시가 있다. 「삼월(三月)은」이라는 시는 개인적으로 특별한 의미가 있는 작품이다.

진달래 망울 부퍼
발 돋음 서성이고

쌓이던 눈은 슬어
토끼도 잠든 산(山)속

삼월(三月)은 어머님 품으로
다사로움 더 겨워—.

멀리 흰 산(山) 이마
문득 다금 언젤런고

구렁에 물소리가
몸에 감겨 스며드는

삼월(三月)은 젖먹이로세
재롱만이 더 늘어—.

       (1956. 4. 15. 동망산방(東望山房))

 학교를 다니느라고 20년을 보내고 학교에서 가르치느라고 20년을 보내는 동안 3월이란 달은 특별한 의미로 다가오는 계절이다. 개학과 더불어 젊은이들이 학교로 몰려들어 희망의 눈을 빛내면서, 그 열기로 산머리에 남은 눈이

녹아날 것 같은 그런 날들이 지나가는 동안 계절의 변화를 기대한다. 그러할 때 진달래 망울이 부풀어 터질 것 같은 그런 감각을 가지고 있다는 것은, 우스운 표현 같지만, 행복이다.

그러나 "삼월(三月)은 젖먹이로세/ 재롱만이 더 늘어—."라고 하는 구절에 익숙해지는 데는 많은 시간이 걸려야 했다. 싸늘한 날씨가 계속되고 바람끝이 매서운 삼월이 젖먹이로 느껴지지 않았던 것이다. 오히려 한 달을 더 기다려 "4월은 잔인한 달, 언 땅에서 라일락을 키워내고, 기억과 욕망을 뒤섞으며" 그렇게 먼 나라 시인의 한 구절을 외며 시간의 흐름에 빗나가 겉돌아가기가 일쑤였다.

다시 그러나, 내게 삼월은 늘 진달래 망울이 부풀어 발돋움 서성이는 이미지로 시작되곤 했다. 학교라는 데서 평생을 보내게 된 나는, 삼월은 피빛깔로 아우성치는 역사를 먼저 머리에 떠올리게 하는 강요를 벗어나기 어려운 형편이었다. 그런데 「삼월(三月)은」 한 편이 있어 나의 봄은 바람 끝에 실리는 꽃기억을 풀어내면서 연두빛 강물처럼 흐르기 시작할 수 있었다.

2. 산하에서 역사를 읽으며

아주 평범하게 말하기로 하자. 우리는 매일 역사와 민족을 생각하며 가슴 조이고 애달파하는 심정으로 살지는 않는다. 그러나 역사의 소용돌이가 격랑을 일으키는 길목에서 일상에 묻혀 초연하다면 이 땅에 태어나서 이 나라 하늘을 숨쉬는 인간으로서, 그러할 수 없는 일이다. 우리는 시인에게 너무 많은 것을 요구하는 버릇이 있다. 시인이 진리를 보아내는 견자이고(la voyant) 광야에서 역사의 미래를 외치는 선지자 역할을 한다는 것을 알기는 하지만, 시인마다 그렇게 나서라고 할 수는 없는 일이다. 시인은 삶의 섬세한 결을 읽어내며 그것이 역사의 거대한 물줄기에 어떻게 맞물려 있는가를 보여주는 방식으로 역사에 참여할 수도 있는 것이기 때문이다.

6·25의 전란이 산하를 휩쓸고 지나간 황량한 세월에 시인이 체험하는 역사는 어떤 것인가. 「내 산하(山河)에 서다」에서 우리는 시인의 시대체험을 읽을 수 있다. 이 시를 읽으면, 전쟁이 터졌을 때 왜 시인에게 총을 메고 앞서 나서라고 하지 않고도 그가 역사의 책임을 다하는지를 알게 된다.

1

일월(日月)도 서먹한 채/ 그늘진 정(情)은 흘러//
핏자욱 길목마다/ 귀촉도(歸蜀道) 우는구나//
건널목 숲으로 가름한/ 저 언덕과 이 강물!

2

진달래 피어들고/ 단풍잎 불타나고//

부르며 바라보는/ 어배들의 보금자리//

배리(背理)는 화사(花蛇)의 습성(習性)/ 굳어만 가는 마음벌!

3

얼룩진 수의(囚衣)이기/ 되씹는 회한인가//

깁소매 접어 넣고/ 활짝 열자 닫힌 창을//

섭리(攝理)는 새 날의 기수(旗手)/ 지켜 서는 내 강토(疆土).

4

오랜 역사(歷史)의 장(章)이/ 갈피갈피 어엿하다//

한핏줄 소용돌아/ 가슴가슴 솟구친다//

갈림은 만남의 정점(頂點)/ 휘어잡는 내 손길―.

(1965. 6. 감나무골)

  시인이 나라를 사랑하는 방식은, 독자가 나라를 사랑하여 목숨을 바치게 하는 '장렬한 전사'를 촉구하는 데 있지 않다. 현실의 아픔을 내 아픔의 극한까지 밀고 나가되 절제된 슬픔을 드러냄으로써 남이 공감할 수 있도록 하는 데 시인이 나라를 사랑하는 방법이 있다. 「뇌우탄막(雷雨彈幕)·1」은 다음과 같이 되어 있다. (1951. 5. 한밭우사(寓舍))라는 부기가 붙어 있다. 6·25가 일어나 이듬해, 1·4 후퇴에 밀려 대전으로 내려간 시인은 상황의 급박함으로 벼랑에 서 있는 듯한 위기감에 싸여 있다.

뇌탄(雷彈)은 날려 날려/ 앞뒤에 불을 뿜고//
어미 등에 지친 애는/ 그만 잠에 떨어졌다//

이것이/ 운명(運命)이라면/ 말할 나위 있으랴//
하늘에선 불세례/ 적병(敵兵)은 앞뒤인데//

등대도 아득하고/ 사공조차 간데 없다//
그래도/ 남(南)으로 남(南)으로/ 밀려가는 이 무리—.

  위 시의 상황 앞에는「소리·6」으로 형상화되어 있는 역사의 질곡이 버티고 서 있는 것이다. 역사를 되돌아봄은 현실의 가파름을 척결하는 지혜를 구하는 일이다. 과거가 현실을 모두 해결하는 것은 물론 아니다. 그러나 되돌아봄이 없이 미래를 그릴 수 없는 일이다. 그리고 삶의 과거와 미래가 연결되어 있다는 깨달음은 그 자체가 역사의식이라는 것이 아니겠는가 싶다.

다짐도 허사로고 어수선한 틈을 노려
북쪽 되바람이 이 강토 휩쓰는 소리
사흘도 못버티고서 궁궐마저 앗기다.

산산 조각이 난 채 아녀잔 울부짖고
호기에 찬 오랑캐는 산성을 에워 싸고
항복을 재촉하는 화살 빗발되어 꽂히다.

항전과 화해의 사이 충정으로 엇갈리다
사직과 겨레 위한 피치못할 통곡 속에
곤룡포 자락을 끌고 삼전도에 꿇앉다

수욕과 원분으로 초목도 빛을 잃다
한강수 삼각산을 돌아돌아 붙안고서
가야도 못할 발길 옮기던 비바람 속의 북행길.

(1977. 6. 26. 자하산사에서)

일제강점기를 체험한 이들에게 그 시대를 돌아보는 데는 역사의 치욕을 감내하는 용기가 필요한 것이다. 「소리·12」로 되어 있는 작품은 이렇게 되어 있다.

말도 잃고 글도 빼앗겨/ 벙어리 냉가슴으로//
죽지 못해 이어 살던/ 어둠의 그 나날들//
젊은인 마구 끌리어서/ 목숨 헐케 버렸다.

동아의 천지 가득/ 단말마(斷末魔)의 발굽 소리//
사랑의 금지환도/ 가전(家傳)의 쇠붙이도//
허망의 이름을 쓴 채/ 앗기고야 말았다.

지긋이 눈 감으면/ 핏자욱 선연하고//
돌이켜 귀 담으면/ 곡성(哭聲)만이 충천하여//
숨통을 보듬어 안고/ 동트기만 헤이다.

(1979. 4. 19. 자하산사에서)

이 시를 두고, 일제강점기가 얼마나 험난한 역사의 고비였던가를 이야기하는 것은 부질없는 일이다. "지긋이 눈 감으면/ 핏자욱 선연하고// 돌이켜 귀 담으면/ 곡성(哭聲)만이 충천하여// 숨통을 보듬어 안고/ 동트기만 헤이다." 그 이상 어떤 말이 필요할 것인가. 여기서 우리가 눈을 주어야 하는 것은 이러한 일련의 역사의 벼랑을 시인이 자신의 정신 내면에 맥을 이어 엮어내고 있다는 점이다. 역사 의식이란 다른 것이 아니라 점점이 흩어져 있고, 시간적으로 끊어져 있는 사실을 어떤 의미의 가닥으로 정리하는 그 안목과 힘인 것이다. 그러한 안목은 현실을 바라보는 안목으로 전환된다. 그것은 의미의 지평을 혼융하는 일이며 해석학적 과제를 시인이 떠맡는 방식이다.

3. 핏줄로 이어진 존재라는 의식의 일깨움

흔히 하는 말로, 사람은 사람 사이에 있다. 人間이라는 말을 가지고 하는 언어유희이다. 그러나 그것이 유희만은 아니라는 점은 늘 다시 살펴 볼 만한 가치가 있는 사색의 제목이다. 자아는 타자를 전제하지 않고는 성립되지 않는다는 것이 심리학과 인식론의 논지이다. 내가 다른 존재와 연결되어 있다는 깨달음은 우리가 도달할 수 있는 윤리의 궁극점인지도 모른다.

인간은 누구나 자기 부모와 핏줄로 이어진 존재라는 점

은 너무 평범해서, 그런 깨달음을 일깨우는 것은 시인의 일이 아닌 듯 생각하는 경향이 있다. 그러나 그렇지 않다. 어머니라는 존재, 아버지라는 존재 그들이 내 존재의 근원이라는 깨달음이 그리 쉬운 것은 아니다. 더구나 이념화되지 않은 모성과 부성을 일깨우는 것은 순정한 시심이 아니고는 안 되는 일이다. 「어머니 영(詠)」은 다음과 같이 되어 있다.

    견디어 삼백 날은 살얼음 밟아 살고
    팔딱 놀 때마다 환희로 뛰던 가슴
    넘기던 일력 장장에 배어 벅찬 마음씨

    진통의 회오릿속 트여난 고고의 싹
    안도 숨소리에 지켜선 봄바람에
    밤낮을 오로지 하여온 그 하나의 정이여!

    다칠세라 꺾일세라 살펴 북을 돋아
    자리 가려 옮겨 마음 조려 날을 이어
    줄기찬 한줄기 소망 쌓아올린 탑이여!

    흰 머리 깊은 주름 한생 그 한마음
    목숨 다한대도 못 잊던 그 너그러움
    가슴 속 터져 넘도록 썰고 밀고 굽이짓네.
                                   (1969. 4. 모래내에서)

내 존재가 다른 어떤 존재에 연결되어 있다는 깨달음이 어머니로 인해 온다는 것은 다른 문화권에서 찾기 어려운, 이 나라 특유의 존재인식인 듯하다. 혹자는 그것이 가부장제가 강요하는 인식틀이라고 할지 모른다. 그러나 생명은 이념을 한결 뛰어넘는 섭리와도 같은 것이다. 마음으로 느끼고 심정적으로 공감하고 그리하여 대상이 나와 일치되는 경험이 쌓이는 가운데 존재의 분열적 갈등을 넘어서는 데에 생명의 윤리가 있는 것이다. 그러한 윤리가 전통으로 살아 있다면 그것이 가부장제면 어떻고 모성적 억압이면 무슨 상관일 것인가.

인간이 삶을 엮어 가는 가운데 가장 가까운 존재를 배우자로 생각하는 것은 지극히 낡은 사고방식이라고 책망하는 이 있을지 모른다. 그러나 육화되지 않은 이념이란 얼마나 허잘것없는 것인가를 생각한다면 살맞부비고 살아간다는 것의 의미는 엄숙한 빛을 띠기 시작한다. 그리하여 시인은 「짝은 떠나고」라는 시에서 이렇게 돌아본다. "팔순한 평생을/ 사는 듯 살도 못하고/ 한 마디 말도 못한 채/ 떠나간 그대 모습// 봉긋한 무덤에 누워/ 부슬비에 젖는가." 시인의 아내가 한 일은 이렇다.

> 피려던 열여덟에
> 귀밑머리 풀고 와서
>
> 어렵사리 살림살일

말없이 꾸려 주고

사남맬 키워 키워서
보란 듯이 세웠고.

정갈한 몇 줄로 요약되는 삶의 역정에 대한 시인의 돌아보는 심정은 "회한은 비바람되어/ 문듯 문듯 감겨온다."고 서술된다. 그리고 돌아보면 삶의 구비마다 어리고 쌓였을 사연은 이렇게 정화되어 나타난다.

"아침 저녁 상머리에/ 앉은 듯 어리는데// 그 미소 안개 속으로/ 아스라이 숨는다."

(1991. 7. 10. 하계우사에서)라고 부기되어 있다. 10년 전의 일이다. 아스라한 미소로 남는, 아니 숨는 그 삶의 흔적을 과장하지 않고 조용히 떠올리게 하는 이 시의 숨결은 그 자체가 정화된 감정의 정수이다.

4. 섬세한 삶의 결/ 결의 삶

인간 삶의 정원이 황량한 벌판으로 느껴질 때, 우리는 삶의 허전함으로 방황한다. 그러할 때 한 편의 작은 시가 말로 다할 수 없는 위안이 되는 체험을 하게 된다. 그 위안은 삶의 허망함에 대한 공감에서 오기도 하고, 잔잔한 애정에 대한 연민에서 오기도 한다. 삶의 결을 더듬어 구체화하는 일, 그것이 시인과 문학을 하는 모든 이들의 일이다. 이를 형상화라는 용어로 말하지 않더라도, 들떠서 삶을 떠나지 않도록 존재의 본바닥을 매만져 주는 시는 삶의 아름다운 무늬일 수밖에 없다. 삶의 무늬를 섬세하게 포착한 작품으로 「주막」을 들 수 있을 것이다.

    스스러운 죽지는 접고
    발을 터는 처맛밑

    문고리에 닿는 정(情)이
    삶을 지레 솟꾸는데

    따라온 사연은 겹쳐
    창문턱에 누웠네.

    그믐 달 새어 들어
    야위어 서린 벼갯맡

    성황당 부엉이도
    밤새 울다 지친 사념(思念)

    저 먼 길 영(嶺)이 뵈는 곳
    두고두고 가는 밤—.

                       (1966. 5. 28. 감나무골)

고향을 떠올리는 것은 연륜을 헤아려야 되는 일이다. 고향에 살면서도 고향이 이전같이 익숙한 세계가 아닐 때, 고향에서 '또 다른 고향'을 그리는 것이 인지상정이다. 하물며 고향을 떠나 타향을 떠돌며 세월을 살아간 이에게 있어서야 말할 나위가 있겠는가.「실향곡(失鄕曲)」은 시인이 나이들어 고향을 찾아가 추억을 더듬는 형식으로 되어 있다.

> 눈 감으면 거울되는/ 내 놀던 푸른 언덕//
> 북한강 따라 올라/ 사명산(四明山)의 북녘 기슭//
> 지금은 파로호(破虜湖) 깊숙한/ 어별(魚鱉)들의 보금자리.
>
> 피어난 진달래가/ 석장을 수 놓으면//
> 산꿩들의 울음따라/ 잠차지던 소꿉놀이//
> 냉잇국 쑥버무림에/ 초생달도 밝았지?
>
> 물이 불면 고기 뜨고/ 날이 들면 뱃놀이들//
> 벌거숭이 하동(河童)들의/ 꿈은 마냥 부풀기만//
> 밤나무 그늘 밑에서/ 귀글 소리 우렁찼지?
>
> 서시래 벼랑 끝에/ 단풍이 불타나고//
> 영 너머 조 이삭이/ 석양에 물들며는//
> 온 마을 타작 마당은/ 풍년가로 들렜지?

눈이 찬 바람이/ 강마을을 휘몰아치면//

잉어 잡이 토끼 몰이/ 따라나선 꼬마 용사//

짚신 속 발가락이 얼어도/ 지칠줄을 몰랐지?

이렇듯 꿈 꿈으로만/ 새김하는 옛 내 고향//

이순(耳順) 문턱에서/ 티끌만 호흡한다.

색동옷 그 마당에 앉은 채/ 소쩍소리 들으며—.
(1967. 11. 감나무골에서)

위에 인용한 시는 더 이상 설명이 필요치 않을 정도로 명징하다. 명징하게 그려진 기억의 편린들이 정갈하게 정돈되어 있다. 그런 체험은 개인의 감수성에 국한된다는 평을 들을 수 있다. 삶의 여울에서 역사를 읽는 복합적인 시각이 마련될 때, 그 시는 우리를 이끌어들인다.「황토길」같은 작품이 그러한 예라 할 수 있다. 변화하는 현실은 혼탁하다. "태고의 흰옷자락을 흙탕 속에 적시면서" 걸어야 한다. 그러한 현실을 현실로 용인하면서, 그 안에 역사를 이끌어들일 때 비로소 "살아갈 그 길이 가슴에 와 서린다"고 하는 말이 실감을 갖게 된다.

역사가 징검다리로 이어지는 길이 있다
좁고 휘돌아서 마을과 마을로 간다
태고의 흰옷자락을 흙탕 속에 적시면서

해가 뜨고 달이 밝아 풀피리도 불어본다
어른 아이들이 턱을 괸채 쪼그리고
옛얘기 되풀이 들으면서 새바람을 마시고

아스팔트 곧은 길가 비닐하우스 늘어서고
양옥이 여기저기 자세짓고 버티어도
살아갈 그 길이 가슴에 와 서린다

(987. 3. 15. 자하우사에서)

　인간이 집을 지니고 산다는 것은 존재의 증명에 해당한다. 고투에 고투를 거듭하여 몸을 눕히고 쉴 수 있는 공간을 마련하였다는 것, 그것은 그야말로 '존재의 집'인 것이다. 그 집에 대한 애정은 속물근성이 아니라 삶에 대한 간절한 사랑에서 비롯되는 것이다. "1970~1986 여름까지 정들었던 자하산사를"이라는 부제가 달린 「깃은 헐리고」라는 작품은 손수 장만한 집이 헐리고 이사를 하지 않으면 안되는 상황에서 빚어진 시이다.

서울살이에서 가장 오래 머문 자리
짐꾸려 옮긴 빈터 정적을 깨고
크레인 드높은 소리로 허물어져 가기만

정어린 선물이기 정들여 가꾼 오동

십칠 년의 흔적 그냥 나뒹굴어 떨고 있고
싱그레 너울대던 파초도 소리없이 쓰러졌다

방싯 반겨주던 산목련도 흔적없고
겨우 살려피우던 매화도 살지 말지
추위가 닥치는 언덕에 세워지는 골조기둥

용문산정(龍門山頂)에서 옮긴 원추리꽃 맺힌 정도
파로호에서 맞아온 상사화의 그리움도
뿌리서 돋아 자라던 감그루도 먼 기억뿐

볼 붉혀 안겨오던 대추알도 아물아물
주저리 달려 웃던 청포도도 눈에 어리고
그 그저 허수아비로 허공만을 바라본다

사십여 편 자하산사의 화목찬(花木讚)도 시로만 남고
아침저녁 매만지던 손길도 자취로만 남아
주름진 얼굴만 들고 석양길을 밟는다

(1986. 11. 16. 자하빌라에서)

5. 간계없이 나이를 먹는다는 것

문학은 오직 젊은이를 위한 것인 듯 생각하는 버릇이

있는 듯하다. 그리고 늙으면 문학이 어떻게 된다는 식으로 성급히 규정하는 이들도 있다. 그러나 그것은 젊은이들이 도모하는 일종의 간계일지도 모를 일이다. 세상에 늙은이의 몫이 있는 법이다. 늙은이의 자리가, 변화를 거듭하기는 하지만 마련되는 것이다. 시인은 「요즘의 심정」이란 작품에서 생애를 요약하면서 싱싱한 삶의 의욕을 살려내고 있다.

전체가 8수로 되어 있는 이 작품의 1은 다음과 같다.

손수 가꾼 자하산사/ 꿈도 있었건만//

빌라로 둔갑된 훈/ 박제된 허수아비//

이곳을 떠나 옮겨지니/ 속빈 강정만 같을 뿐.

이어서 상계동(上溪洞)에서 살던 일, 바둑을 자을 채 세상을 마치고 싶은 노년의 소망 등을 떠올리면서 "이젠 아들 따라/ 강남으로 옮겨왔다."고 술회한다. 늙었지만 "아직 사람이기/ 미련도 애착도 있다"고 직설법으로 의욕을 털어놓는다. "내 삶의 흔적들을/ 남겨 두고도 싶다."는 구절로 요약되는 몇 가지 소망을 적어 내려간다. "늦게 얻은 아들도/ 불혹 넘어 제 길 가고// 며느리도 두 아들을/ 키워 놓고 제 일 열었다."고 한다. 그런 정도의 안정감을 얻었으면 다른 욕심 없이 여생을 즐길 수 있는 것인데, 시인은 그렇지를 못하다. "바람만 살포시 가슴에 안겨/ 실존(實存)

임을 알리네." 하는 것이다. 이는 어쩔 수 없는 시인의 업보인지도 모른다.

삶을 익혀가는 일이 항변이나 비판, 혹은 투쟁으로만 되지 않는다는 깨달음을 얻는데는 시간이 필요하다. 한마디로 늙어야 한다. 분노도 좌절도 들끓어 오르는 욕망도 정화되어 대상이 제 모습으로 눈에 들어오는 경지에 이르기 위해서는 꽃이 지는 일이 슬픔만이 아니라는 것을 알게 되는 시간이 필요하다. 「낙화(落花)의 변(辯)>은 원숙한 정신의 여유로움을 보여주는 한 예가 된다.

꽃도 피면 이우는 법
떨어짐 또한 자연이지만
몰아친 광풍으로
휘날려 허공을 도니
보는 이 가슴 가슴에도
허허로움 더하리.

역리가 순리됨도
세상의 흐름이라지만
낙화를 순풍에 실어
제자릴 찾게 함도
이 또한 다사로운 꽃으로
길이길이 남을 것이.

휘몰려 날려진 꽃도
대지는 감싸준다.
날빛과 습도 또한
번갈아 찾아준다.
남은 향 고이 지니면서
이 한 생을 다하리.

(1991.1. 26. 상계우사에서)

격정의 물살이 바다를 향해 가면서 안으로 가라앉고, 그러는 사이 꽃이 피고 지고 하면서 그것이 자연의 섭리라는 것을 깨닫고, 그 섭리 가운데 살아가는 삶의 이치가 합자연하는 시점에서 시인은 담담해진다. "남은 향 고이 지니면서/ 이 한 생을 다하리."하는 다짐은 "역리가 순리 됨도/ 세상의 흐름이라지만/ 낙화를 순풍에 실어/ 제자릴 찾게 함도/ 이 또한 다사로운 꽃으로/ 길이길이 남을 것이."라고 하는 정신적 평정 다음에 온다는 점을 눈여겨 볼 필요가 있다.

시조인생이라고 해야 할 그의 생애 중간에 이런 점검이 있어 눈길을 끈다. 이후 50년 가까운 세월을 시조 작업을 해온 삶이 그 자체가 청사(靑史)가 아니겠는가 하는 생각을 하매, 더욱 절실한 감이 있다. 「시조송」은 1955년 작품으로 되어 있다. 그 가운데 마지막 연은 이렇게 되어 있다.

묶는 듯 율(律)의 자윤
내일(來日)바라 벋어나고

부풀어 말의 자랑
갈수록 되살아나

이 노래 청사(靑史)를 감넘어
보람쩍게 크리라.

 이 시인이 시조를 시작한 것은 대단한 의욕 같은 것을 과장하지 않는다. "시조(時調)가 하도 좋아/ 나도 읽어 보던 것이/ 그 벌써 한 이십년(二十年)/ 어제론 듯 흘렀구료" 하면서 시조를 쓰는 즐거움을 서술한 후 얻은 의욕과 다짐이다. 그러한 다짐에서 빚어진 시조작품이 스스로 "청사를 감넘어/ 보람쩍게 크기를" 빌 뿐이다.

이태극 연보

1913년 7월 16일 강원도 화천군 간동면 방현포에서 이근욱(李根旭)과 김경진(金慶珍) 사이의 장남으로 태어남. 10세까지 한문 수학.
1924년 4월 1일 양구보통학교에 입학.
1928년 3월 월반하여 5학년으로 수료.
1928년 공립 춘천고등보통학교 입학.
1933년 동교 5학년 졸업.
1933년 5월~1934년 4월 강원도청 농무과 근무.
1934년 5월~1945년 10월 강원도 춘천, 홍천, 인제 등지에서 보통학교 교원으로 근무.
1936년 4월~1938년 5월 와세다대학 전문부 수학.
1945년 10월~1947년 9월 춘천여자고등학교 교사로 재직.
1947년 10월부터 동덕여자중고교에 봉직하며 교무부장직을 맡음.
1947년 9월 서울대학교 문리과대학 국어국문학과에 편입하여 1950년 5월 졸업.
1950년 6·25를 맞아 남하하였다가 1951년 8월에 부산으로 피난하여 1953년 수복할 때까지 동덕여고 피난학교 주임으로 근무.
1953년 1월 『시조연구』에 창작시조 「갈매기」를 발표함.
1953년 9월 이화여자대학교 국어국문학과 조교수로 부임.

1953년 9월 「산딸기」(한국일보), 「삼월은」(서울신문) 발표함.

1957년 국어국문학회 제4대 대표이사 맡음. 제5대와 제7대에 재임함.

1958년 『현대시조선총』 출간.

1959년 『시조개론』 출간

1960년 6월 1일 시조전문지 『시조문학』을 창간하여 1999년 여름호로 통권 131호에 이르렀음.

1964년 한국시조시인협회 발족.

1965년 『시조연구논총』 출간.

1970년 11월 30일 제1시조집 『꽃과 여인』 출간.

1974년 2월 이화여자대학교에서 문학박사 학위 받음.

1974년 『시조의 사적 연구』 출간.

1974년 『한국명시조선』 출간.

1974년 8월 『시조문학』 계간으로 전환하여 출판.

1976년 8월 15일 제2시조집 『노고지리』 출간.

1978년 한국시조시인협회 회장.

1978년 8월 이화여자대학교 정년 퇴임.

1978년 『고전문학연구논고』 출간.

1978년 11월 동곡문화상 수상.

1979년 4월~1980년 3월 상명여자대학교 대우교수.

1981년 『현대시조작법』 출간.

1982년 1월 15일 제3시조집 『소리·소리·소리』 출간.

1983년 3월 외솔상 수상.

1985년 12월 중앙시조대상 수상.

1986년 11월 육당시조상 수상.

1990년 6월 25일 제4시조집 『날빛은 저기에』 출간.

1990년 10월   대한민국 문화예술대상 수상.
1990년 12월 『시조의 이론과 실제』 출간.
1992년 『덜고 더한 시조개론』 출간.
1994년 10월   대한민국 문화훈장 서훈.
1995년 5월 25일   제5시조집 『자하산사 이후』 출간.
1996년 1월   회고록 『먼 영마루를 바라 살아온 길손』 출간.